PORT DE VASA

LA FINLANDE ET LES TSARS DE RUSSIE

I

Au nord-ouest de la Russie d'Europe, s'étend, enveloppée de brumes, la Finlande, que ses habitants appellent Suomi ou Suomenmaa. Depuis 1809, date de la rupture de ses liens six fois séculaires avec la Suède, elle est devenue, sous la suzeraineté des tsars, un grand-duché. Jusqu'en ces derniers temps on en parlait peu. Son histoire même ne faisait l'objet que d'une courte mention. Peu de pages paraissent suffire aux historiens pour rappeler qu'elle fut, aux différentes époques de son passé, un théâtre de guerres sanglantes, d'exploits héroïques et de trahisons. Et pourtant ce pays, environné partout de golfes et de mers, entrecoupé de lacs, de forêts, de rochers granitiques, recula ses limites presque jusqu'aux portes de Saint-Pétersbourg et joua un rôle dans la civilisation, dont les Finnois furent une avant-garde.

Ses premiers habitants, les *Fen* (*Suomalaiset*, dans leur langue), appartenaient à la famille ethnique des Finnois-Ougriens dont les restes sont aujourd'hui disséminés sur un vaste espace depuis l'Obi et l'Oural jusqu'au Danube où les Magyars forment leur poste avancé. C'étaient des guerriers nomades, peu agressifs, mais défendant avec acharnement leur territoire. Ils tinrent tête pendant un siècle et demi aux Slaves. Païens, ils opposèrent une résistance tenace au christianisme, puis, cédant à la parole des apôtres, ils s'assimilèrent tout aussi énergiquement la foi, dont ils devinrent d'ardents champions. Plus tard ils embrassèrent le luthéranisme. Placés entre les Slaves et les Suédois, ils eurent à les combattre tour à tour pour rester maîtres de leurs chasses, de leurs eaux poissonneuses, de leurs pâturages et de leurs champs. La Suède ne put les conquérir qu'après trois croisades : en 1157, en 1249 et en 1293. Elle les incorpora dans ses provinces et les lois, l'organisation sociale qu'elle leur donna furent si sincèrement et si unanimement acceptées que jusqu'au commencement du dix-neuvième siècle aucune tentative de séparatisme ne put rendre les Finlandais infidèles à leurs serments d'allégeance.

En 1293 la conquête de la Carélie avait conduit la Suède jusqu'aux confins de la Russie. D'où inimitiés et guerres entre les deux nations. Les Russes envahirent à plusieurs reprises la Finlande et la ravagèrent. La paix perpétuelle de 1323, qui rapprochait la frontière finlandaise jusqu'à l'emplacement actuel de Saint-Pétersbourg, ne fut pas de longue durée. En 1348, le roi Magnus s'abattit sur les Russes et fit tondre et baptiser tous ceux qu'il prit, « et, dit la chronique rimée de Suède, oncques leurs barbes ne repoussèrent. »

Ivan Vassilewitch (1462-1505) fut le premier tsar qui déclara ouvertement la guerre à la Finlande. Celle-ci n'avait jusqu'alors été qu'un chemin de passage pour les armées russes ; ils la considérèrent désormais comme une proie. Sous Stenon Sture l'Ancien elle commença une guerre qui se prolongea jusqu'en 1510. Alors succéda une paix de soixante ans ou plutôt une suspension apparente d'hostilités, le feu ne cessant de couver sous la cendre. Ivan le Terrible combattit Jean III puis Charles IX en Livonie et en Finlande. La Suède dut à son général Pontus de la Garbie, un homme de génie, et au traité de Teusin (1595) l'acquisition de Narva, de Revel et de toute l'Esthonie. Jusqu'à l'avènement des Romanow, qui, après l'extinction de la maison de Rurik, en 1613, montèrent sur le trône, les guerres civiles sévirent en Russie et empêchèrent les expéditions à l'étranger. La Pologne était maîtresse de Smolensk et de Moscou ; la Suède, de Novgorod et de la Néva. A l'ouverture de son Parlement, en 1617, Gustave-Adolphe put prononcer ces paroles mémorables : « Parmi les bienfaits que Dieu a prodigués aux Suédois, on doit citer celui qui nous a délivrés pour longtemps de la menace des invasions russes. Ce sont de redoutables voisins dont les pays s'étendent de la mer d'Orient à l'océan Glacial du Nord, et vont de là jusqu'à la mer Caspienne. Ils ont une noblesse puissante, une forte population de paysans, des villes très peuplées ; ils peuvent mettre sur pied une armée considérable. Ils sont nos ennemis, mais il leur est interdit de faire entrer une barque dans la mer Blanche sans notre consentement. Les grands lacs de Ladoga et de Peïpous, la Narwa, dix lieues de vastes marais et de solides forteresses nous séparent d'eux. J'espère que, grâce au ciel, ils ne sauteront pas le fossé creusé entre eux et nous. »

La sécurité ne subsista pour les Suédois que pendant environ un siècle. Charles XII, dans la guerre de géants que lui fit la Russie, succomba, et, en 1709, la bataille de Pultava marqua le commencement de la décadence suédoise. A partir de ce moment, toutes les campagnes de la Suède contre les Russes furent fatales au gouvernement de Stockholm et se terminèrent par la perte de provinces ou par un désastre naval. La paix de Nystadt, en 1722, donna à la Russie l'Ingrie, une partie de la Carélie, l'Esthonie et la Livonie. Cette paix faisait, il est vrai, à la Suède la rétrocession de la Finlande, cruellement ravagée, mais les Russes s'étaient ménagé assez d'intelligences parmi les Suédois pour pouvoir intervenir dans leurs affaires intérieures. La paix d'Abo, qui mit ridiculement fin à l'agitation politique des Bonnets, fournit à la Russie le prétexte pour occuper la Finlande avec Nyslott, Frederikshamn et Savolap, qui formèrent, en y incorporant Viborg et Kexholm, déjà pris en 1721, le gouvernement russe de Viborg. L'impératrice Élisabeth, dans son manifeste adressé aux Finnois le 18 mars 1742, déclara ouvertement quelles étaient ses intentions : « Nous ne voulons pas prendre un pouce de terrain à autrui, mais nous avons décidé de délivrer le grand-duché de Finlande du joug de la Suède, afin qu'il ne soit pas dans l'avenir entraîné, au profit de quelques intérêts particuliers, dans une guerre fatale qui ne pourrait être pour lui qu'une source de calamités ; nous entendons qu'il soit un pays libre n'ayant aucune attache de dépendance, jouissant de tous ses droits, privilèges et immunités, de tout ce qui peut être utile à sa prospérité et à son développement, suivant son gré et ainsi qu'il lui semble expédient. Nous voulons protéger et seconder ses institutions nouvelles et nous sommes prêts, en toute occurrence, quand la Finlande fera appel à notre aide, à la lui accorder en mettant nos troupes à sa disposition. »

La Suède se contenta de protester ; elle était aux prises avec les dissensions intestines fomentées par sa noblesse. Cependant, Gustave III augmenta l'effectif de sa flotte et put achever les fortifications de Sveborg. Mais Catherine II mina l'édifice suédois en faisant un pacte avec la noblesse suédoise, dont le mécontentement avait été porté au comble par le coup d'État de 1772. Ces menées obligèrent le roi à entreprendre une guerre dans laquelle les nobles espéraient qu'il subirait assez de défaites pour le mettre à leur merci et le forcer à leur restituer leurs prérogatives. On vit alors les officiers de la garnison d'Anjala, pendant le siège d'août 1786, constituer la fameuse union d'Anjala, qui fit que les Suédois, quoique vainqueurs sur mer, perdirent tous leurs avantages dans la paix de Vereloe. Catherine avait conclu une entente avec l'Union d'Anjala et une note de la tsarine recommandait à celle-ci de laisser les représentants du peuple finnois décider eux-mêmes des destinées de leur patrie.

Sous Gustave IV le sort de la Finlande devint inéluctable. Napoléon exigeait l'entrée de la Suède dans la ligue continentale. La Russie s'empressa d'en tirer profit pour elle-même. A Tilsitt, l'Empereur des Français avait consenti à l'annexion des Finnois à l'empire russe. En 1808, les troupes du tsar entrèrent en Finlande. Alexandre Ier fit proclamer qu'il n'avait, en prenant cette mesure, qu'un but, celui de protéger les Finnois contre toutes les éventualités, mais dès le mois de mars de la même année il signa le manifeste suivant :

Nous, Alexandre Ier, par la grâce de Dieu, empereur et autocrate de toutes les Russies, etc., etc., etc., grand-duc de Finlande, etc., etc., savoir faisons :

Ayant, par les décrets de la Providence, pris en possession le grand-duché de Finlande, nous avons voulu, par le présent acte, confirmer et ratifier la religion et les lois fondamentales du pays, ainsi que les privilèges et les droits dont chacun des ordres du grand-duché en particulier et tous ses habitants en général ont joui jusqu'ici en vertu de sa Constitution. Nous promettons de maintenir tous ces privilèges et toutes ces lois fermes et inébranlables dans toute leur force. En foi de quoi Nous avons signé cet Acte de notre propre main. Donné à Borga, le 15 (27 mars 1809).

ALEXANDRE.

Comme suite à cette résolution, la Finlande était indissolublement unie à la Russie par les liens de l'affection et non par ceux de la contrainte. « Soumise au même monarque, dit un de ses plus illustres hommes d'Etat, M. L. Mechelin, et formant, vis-à-vis des puissances étrangères, partie intégrante de l'empire russe, la Finlande restait autonome dans son gouvernement intérieur et conservait son ancienne constitution. » Le grand-duché devenait un Etat, le peuple finlandais était placé désormais au rang des nations, l'existence du pays était garantie, et son gouvernement, basé sur l'union de la Finlande à la Russie, sans que celle-ci y vît une incorporation pure et simple à son empire.

Quant à la Constitution finnoise, elle était celle que lui avaient donnée les lois fondamentales de l'Etat de Suède. Or, la pierre d'angle de ce système constitutionnel était que le gouvernement devait être exercé de telle manière qu'aucune loi ne pût être faite, modifiée ni abrogée sans la participation des Etats; aucun nouvel impôt ne pouvait être voté sans l'assentiment de la Diète; aucun emploi public ne pouvait être donné à quiconque n'était pas citoyen finlandais; les quatre ordres : noblesse, clergé, bourgeoisie et paysans, conservaient leurs privilèges respectifs, et chacun d'eux était représenté par des députés formant la Diète. Tout citoyen finlandais jouissait des droits de liberté, et son honneur, sa vie, ses biens, ses intérêts étaient sous la sauvegarde constante des lois. Quant au monarque, il avait le commandement en chef de l'armée, le droit de nomination aux emplois, le droit de grâce, le droit exclusif de décider des questions relatives aux affaires étrangères. Toutefois le souverain ne pouvait résider dans la capitale de la Finlande où était le siège de l'administration finlandaise. La Finlande devait être administrée par un gouverneur représentant du tsar. Ces fonctions furent confiées jusqu'en juin 1809 à Sprengporten, qui démissionna presque aussitôt, puis au prince Barclay de Tolly, remplacé l'année suivante par Fabian Steinheil. Ce dernier conserva son poste jusqu'en 1823. Le gouverneur général devait veiller à l'exécution ponctuelle des ordonnances de l'empereur et avoir soin que la protection de la loi fût accordée à tous les habitants quant à leurs privilèges légitimement acquis, leur liberté et leurs droits; il avait aussi la haute surveillance sur les institutions administratives; enfin, par des voyages d'inspection, il devait se tenir au courant de l'état du pays et donner toute son attention au développement de l'industrie, du commerce et des autres branches de l'activité sociale.

Les premières années de la réunion de la Finlande à l'empire, surtout la période de 1811 et du commencement de 1812, furent remplies par l'élaboration et l'adoption d'une série de mesures importantes destinées à donner l'essor au grand-duché. Ces travaux se trouvèrent interrompus par la campagne de Napoléon contre la Russie. On sait comment Alexandre Ier, pour combattre les armées françaises, prit la tête d'une coalition dans laquelle entra Charles-Jean (Bernadotte), roi de Suède. Les Finlandais, qui espéraient le retour au régime antérieur à 1809, comptaient bien que la Finlande serait restituée aux Suédois. Ils se trompaient. Le prix de l'alliance de Bernadotte avec les ennemis de la France fut la Norvège.

A vrai dire beaucoup de Finlandais, la plupart même, ne se plaignirent pas de cette solution. Alexandre Ier s'efforçait en effet de leur prouver toute sa sollicitude pour eux. Cette sollicitude se révèle une fois de plus dans le manifeste impérial de 1816, comme on en peut juger par ce passage :

..... Convaincu que la Constitution et les lois qui, conformes au caractère, aux mœurs et à la culture du peuple finlandais, ont formé pendant une longue suite d'années le fondement de la liberté et de la tranquillité des habitants ne sauraient être limitées ou changées sans péril pour eux, Nous avons, dès le premier instant de Notre domination sur ce pays, non seulement confirmé de la manière la plus solennelle ladite Constitution et lesdites lois, ainsi que les libertés et les droits qui en découlent pour chaque citoyen finlandais, mais aussi, après en avoir délibéré avec les États du pays, Nous avons constitué une administration spéciale qui, sous le nom de Notre conseil de gouvernement, composé de citoyens finlandais, a jusqu'ici exercé en Notre Nom le gouvernement civil du pays et l'administration de la justice en dernière instance, indépendam-

RAPIDE D'IMAIRA

ment de tout autre pouvoir que celui des lois et celui que celles-ci Nous confèrent comme souverain. Nous avons voulu ainsi faire paraître les sentiments qui Nous ont guidé et Nous guideront à l'avenir vis-à-vis de Nos sujets finlandais, et en même temps confirmer à tout jamais l'assurance que Nous vous avons donnée du maintien de leur Constitution propre sous Notre sceptre et celui de Nos Descendants.

Un décret de 1812 statua que Helsingfors serait la capitale du grand-duché.

La mort d'Alexandre Ier et l'avènement de Nicolas Ier le 12 (24) décembre 1826, amenèrent quelque changement dans la Constitution finlandaise, ou, pour parler plus exactement, le gouvernement du tsar mit tout en œuvre pour n'en faire qu'une lettre morte. Un document important de 1859, publié à Helsingfors, relève ces tendances. Il y est dit que le contrat loyal entre la Russie et les quatre États de la Diète finnoise est déjà tombé moralement en désuétude, que la Constitution a été, en fait et à plusieurs reprises, violée. Alors qu'aucune loi nouvelle ne pouvait être rendue obligatoire, qu'aucune atteinte aux droits privés des citoyens et aux droits publics des quatre États n'était autorisée, qu'aucun impôt ne pouvait être décrété, sans le vote et l'approbation de la Diète, celle-ci n'avait même pas été convoquée et le gouvernement de Nicolas Ier s'était borné à dire que « les circonstances ne permettaient pas de réunir les États de grand-duché de Finlande ». Aussi les États jugèrent-ils nécessaire, pour mettre leur responsabilité à couvert, de protester contre ce « régime sans phrase », et afin que leurs protestations ne fussent pas ignorées dans le présent et dans l'avenir, ils les firent imprimer en de gros in-quarto dont le septième parut en 1839. On y lit entre autres griefs ce qui suit :

1° Tout citoyen finlandais a, en vertu de la Constitution, le droit de réclamer la sauvegarde de sa personne, de ses biens, de son honneur et ne peut être arrêté, saisi, condamné, sans jugement. Or, le professeur Afzelius (un des hommes les plus remarquables de l'époque, poëte, historien, folkloriste) a été destitué à cause de ses opinions politiques, mis en état d'arrestation au moment où il rentrait en Finlande d'un voyage à l'étranger, transporté en Russie, interné dans un endroit éloigné de son pays et enfin reconduit à la frontière de Prusse sans qu'il ait jamais été soumis à un interrogatoire ni traduit devant un tribunal.

2° Personne, en vertu de la Constitution finlandaise, ne peut être dépouillé de ses droits de propriété sans jugement. Or, cette prérogative constitutionnelle a été à plusieurs reprises indignement violée. L'empereur avait donné à quelques grands seigneurs russes des terres dans la province finlandaise de Viborg. Les donataires s'empressèrent d'expulser de leurs fermes un certain nombre de paysans ou de leur imposer des redevances au mépris de la légalité et du droit strict. Les paysans eurent recours aux tribunaux. Une ordonnance impériale en date du 7 (19) mars 1838 confirma l'illégalité et menaça les demandeurs de peines sévères. « Quiconque, était-il dit, refusera de payer les redevances exigées par les nouveaux propriétaires, en vertu des privilèges de la noblesse, recevra le knout ; quiconque tentera de rentrer dans sa ferme et n'en sortira pas à la première injonction ou voudra reprendre par la force ses occupations antérieures, sera arrêté et incorporé dans l'armée, s'il est valide ; dans le cas contraire, il sera puni des travaux forcés dans une forteresse. » Un paysan qui avait refusé les redevances et s'était réfugié dans un bois fut pris par un Cosaque, sur l'ordre du propriétaire russe, et massacré. Le propriétaire, mis en jugement et condamné, alla en cassation. Dans l'intervalle, le tsar le gracia.

3° La liberté de conscience est un droit constitutionnel du peuple finlandais. Quoique la religion dominante soit le luthéranisme, auquel depuis 1741 le protestantisme en général est assimilé, les catholiques avaient, en vertu de l'acte signé par Alexandre Ier, le droit de cité en Finlande, mais les protestants seuls étaient admis à devenir fonctionnaires publics. Or une ordonnance de 1827 porte que « tout Russe orthodoxe, qui aura obtenu le droit de cité dans le grand-duché de Finlande, pourra y entrer dans l'administration civile et militaire et suivant ses mérites être pourvu de fonctions publiques. Cette mesure mettait entre autres les tribunaux à la discrétion du gouvernement russe qui pouvait désormais ne confier les postes de juges qu'à des Russes. Une disposition constitutionnelle prévoyait le cas où un citoyen finlandais, né et baptisé luthérien, se convertirait à un autre culte. Il était privé de ses droits de cité et pouvait être expulsé du pays comme étranger. Or l'édit de 1827 dit que la conversion à la religion russe n'entraîne aucune incapacité légale. De même, quoique légalement l'enfant né d'un mariage mixte doive suivre la religion du père, exception est faite pour la religion orthodoxe, dans laquelle tous les enfants, issus d'une union mixte, doivent être instruits quelle que soit la confession du père ou de la mère.

4º Tout citoyen finlandais avait le droit d'adresser des placets au monarque, de recourir directement à lui s'il se croyait lésé dans ses intérêts. Nicolas Ier abolit ce droit et le rendit caduc.

5º En vertu de la Constitution finlandaise, le mérite seul distinguait les citoyens entre eux. Mais le rang, la naissance, ne leur créaient aucune prérogative spéciale. Or, une ordonnance de 1841 prescrit d'employer de préférence dans les administrations ceux qui parlent la langue russe. Le monarque nommait directement aux fonctions publiques, comme le voulait la Constitution, mais les fonctions ecclésiastiques n'étaient pas comprises dans cette prérogative impériale. Le nouveau système introduit par Nicolas Ier rend le tsar chef de l'église protestante comme il l'est de l'église orthodoxe.

C'est désormais le tsar qui nomme directement les évêques finlandais et les pasteurs des localités importantes sur la présentation de trois candidats. Les autres fonctionnaires ecclésiastiques sont choisis par les communes et quelquefois par les propriétaires fonciers. Mais là encore l'influence du gouvernement de Saint-Pétersbourg prévaut. Les juges sont inamovibles ou ne peuvent être destitués qu'en vertu d'une sentence rendue par un tribunal, mais celui-ci étant aux mains des Russes, l'inamovibilité n'est le plus souvent qu'une sécurité illusoire.

Sous le régime suédois, la Finlande n'avait de censure que pour les écrits théologiques, « afin que l'on n'imprimât aucun livre contraire à la doctrine évangélique, à la vraie foi et aux principes du christianisme. » Or, une ordonnance impériale du 2 (14) août 1828 soumet à la censure tout imprimé quel qu'il soit introduit en Finlande; une autre ordonnance du 14 (26) octobre de la même année met l'imprimerie finlandaise sous la surveillance légale de la censure. Désormais les professeurs de l'Université finlandaise, même dans le domaine des sciences historiques et politiques, ne peuvent faire figurer dans leurs programmes d'études, sans autorisation spéciale de la censure, « aucun livre ayant rapport aux événements politiques contemporains »; toute leçon orale, tout cours écrit qui traiterait de ces sujets est sévèrement interdit et les infractions exposent celui qui les commet à la déportation en Sibérie, peine nouvelle, introduite par le gouvernement russe dans le Code finlandais et absolument contraire à l'esprit et au texte de la Constitution finlandaise.

II

Sous Alexandre Ier les libertés essentielles de la Finlande avaient été à peu près respectées. Le grand-duché avait son gouvernement à part, comme l'exigeait la Constitution, et le tsar ne touchait pas à la loi. Nicolas Ier fut moins scrupuleux. Autoritaire en même temps qu'autocrate, il ne régnait que par ses fonctionnaires, exécuteurs de sa volonté, et tout-puissants par son ordre. Il ne déchira pas, à vrai dire, le contrat.

russo-finlandais, mais il s'arrangea de manière à se passer de la collaboration de la Diète. En apparence, sous lui, la Finlande restait en possession de toute son autonomie; mais, en réalité, si la Constitution finlandaise régnait, c'était le Russe qui gouvernait.

Une ère plus loyale s'ouvrit avec Alexandre II. Le tsar libérateur, comme on l'a appelé, voulut étendre ses bienfaits non seulement sur les serfs en les émancipant, mais sur tous les sujets de son empire. Aussi ses regards se tournèrent-ils avec bienveillance vers la Finlande. Un édit de 1860 convoqua la Diète afin de prendre les mesures utiles au pays. Elle se réunit en septembre 1863; le tsar l'ouvrit en personne, et les quatre États saluèrent en lui le protecteur et le restaurateur de la Constitution. Des travaux législatifs considérables furent entrepris. En 1867 et en 1869 il y eut de nouvelles sessions de la Diète et en 1882 il fut décidé qu'elle s'assemblerait dorénavant tous les trois ans.

Ce travail législatif fut remarquablement fécond. « L'Europe, dit un publiciste, eut le spectacle étonnant d'une assemblée aux formes antiques, divisée en quatre ordres (noblesse, clergé, bourgeois, paysans), chacun délibérant séparément, qui abordait sans défaillance les plus hautes questions de la politique et de l'économie et modernisait son pays... Les mesures libérales du tsar Alexandre II inaugurèrent une nouvelle période dans l'existence de la Finlande ; à l'activité législative correspondit un puissant élan économique. Dans l'espace d'une trentaine d'années le budget des dépenses du grand-duché tripla, sans qu'il fût nécessaire de créer de nouveaux impôts. Le commerce d'exportation augmenta; de nouvelles terres furent ouvertes à la culture; les relations devinrent plus faciles grâce à l'établissement des chemins de fer; l'instruction primaire et supérieure se développa remarquablement; Helsingfors prit l'apparence d'une grande capitale moderne. Et dans cette froide contrée, où les gelées de la fin du printemps ont si souvent anéanti les espérances du laboureur, il se répandit un bien-être, comme une joie de vivre qui frappent le visiteur étranger (1). » Aussi un des plus éminents esprits de la Finlande, Zacharie Topelius, grand romancier, grand historien, grand éducateur populaire (2), dont les lettres et la patrie finlandaises déplorent la perte récente, a-t-il pu écrire ces lignes significatives : « Il n'y a eu ni complot, ni révolte, ni aucune tendance de parti, par laquelle la Finlande eût pu cesser de mériter la situation politique établie en 1809. Le peuple de Finlande, pénétré d'une confiance inébranlable en son souverain, se croit assuré de l'inviolabilité des lois qui, sous la protection du monarque, assurent la marche progressive et ininterrompue de son développement (3). »

III

Il y a, en Finlande, trois partis politiques dont les tendances respectives et les luttes représentent toute la vie nationale du grand-duché : les

---

(1) Edmond Rossier. *La Finlande et le tsar Nicolas II* (août 1899).
(2) Zacharie Topelius, avec qui j'ai eu l'honneur d'être personnellement en correspondance, et dont j'ai traduit en français les contes populaires publiés par la librairie Lecène et Oudin, était une intelligence élevée et un grand cœur. Peu d'écrivains ont mieux que lui travaillé au bonheur de leur pays par la parole, le livre et l'action. (Ch. Simond.)
(3) *La Finlande au XIXe siècle.* Helsingfors, 1894.

VUE DE HELSINGFORS

vieux finnois, les jeunes finnois et les suédois. Les vieux finnois sont les propriétaires ruraux, grands et moyens. Ils ont avec eux le clergé luthérien. Ce dernier, en possession lui-même d'une grande partie de la propriété foncière, a, par son origine, des attaches de parenté avec les paysans. Il est de plus élu par les communautés rurales d'après le suffrage censitaire ; enfin il s'est arrogé, grâce à son caractère religieux, une importante influence locale, et son action ne s'exerce pas seulement dans les débats confessionnels, mais aussi et d'une manière très large dans la politique. Les vieux finnois sont par suite ultra-conservateurs sous tous les rapports ; ils ne renieront jamais ni leur langue ni leurs usages et ils n'abdiqueront rien de leurs prérogatives séculaires. Au point de vue de la foi, ils sont absolument intransigeants ; ce sont eux qui ont fait inscrire dans la Constitution le refus du droit de cité aux Juifs. Au point de vue économique, ils sont les ennemis déclarés des doctrines libre-échangistes qui, depuis 1870, ont fait de grands progrès en Finlande, grâce aux lois libérales dues en majeure partie à l'élément suédois. Au point de vue moral, ils sont d'une rigueur sans compromission ; ils veulent que l'ivrognerie soit poursuivie devant la justice criminelle, au lieu d'être, comme partout ailleurs, de la compétence des tribunaux correctionnels ou même de la simple police ; ils veulent l'interdiction absolue des boissons spiritueuses dans les débits des campagnes et que tous les produits où il entre de l'alcool ne se vendent, en quantités déterminées, que chez les pharmaciens comme médicaments. Ces mesures rappellent le puritanisme écossais des XVIe et XVIIe siècles ou la législation, également puritaine, de quelque État de la Nouvelle-Angleterre. Les vieux finnois n'ont pas beaucoup de représentants dans les hautes cours de justice, dans l'administration supérieure, dans la Diète de Helsingfors ; mais les partisans des jeunes finnois, qui sont les socialistes de la Finlande, n'ont, eux aussi, pas une grande situation officielle ; ils se rencontrent surtout dans la presse, dans les associations, où ils travaillent à la réforme électorale, à l'abaissement du cens afin de faire entrer la petite bourgeoisie dans les conseils des communes et d'amener aux deux derniers états, bourgeois et paysan, une prépondérance de suffrages au sein de la Diète. Il ne faut pas perdre de vue qu'en Finlande les classes inférieures, celles qui n'appartiennent ni à l'aristocratie ni au clergé, forment le gros de la population, qui compte beaucoup de prolétaires. Ceux-ci sont généralement nomades, allant offrir leurs bras de place en place, parce que leurs ressources ne leur permettent pas d'acquérir un lopin de terre et de s'y fixer. Les jeunes finnois ont amélioré cette condition misérable en favorisant la constitution de la petite propriété, en faisant introduire dans la législation agraire, dans les lois sur les fabriques et sur le commerce, des innovations qui ouvrent déjà certaines portes aux peu fortunés. Aussi ce parti de jeunes finnois acquiert-il, d'année en année, une force plus marquante.

L'élément qui a le plus de poids en Finlande est le parti suédois. Il comprend presque toute la noblesse et la bourgeoisie éclairée ou riche, la population aisée des grandes villes. Adversaire déclaré des vieux finnois, c'est-à-dire de la coalition entre le clergé et les ruraux, il est le représentant du libéralisme moderne de l'Europe occidentale, de la tolérance confessionnelle, de la facilité et de la liberté des échanges sur le terrain économique ; du développement intellectuel, basé sur l'exemple de la Suède, en un mot il défend le progrès dans toutes ses expressions. Les jeunes finnois lui reprochent de vouloir maintenir dans le régime électoral le vote plural ou l'échelle des suffrages, *Rôst scala*, qui fait dépendre l'importance législative de l'électeur du cens qu'il paie.

Ces trois partis se trouvent en présence de l'ingérence russe, qui s'efforce de tout absorber. Le Russe est, en effet, l'ennemi actuel du Finlandais, alors que celui-ci le considérait, sous Alexandre Ier et sous Alexandre II, comme le meilleur garant de la prospérité finlandaise. Et cependant il n'y a pas d'hostilité réelle de la part de la Russie contre la Finlande. On a lu, c'est vrai, dans quelques journaux russes des articles peu sympathiques aux Finnois, les accusant de fomenter des complots contre le tsar à Helsingfors, mais il ne faut pas accorder à ces organes antifinlandais et à ceux qui les dirigent ou les rédigent plus d'autorité qu'ils n'en ont. Il se passe en Russie, à propos de la Finlande, ce qui arrive dans tous les pays au sujet des questions plus ou moins brûlantes. L'opinion de quelques individualités remuantes est volontiers acceptée comme celle des masses. L'étranger, qui est loin des événements et les juge mal, n'ayant que des données sommaires très souvent inexactes, fait chorus avec les critiques violents. Et cet ensemble de vues préconçues, systématiques, fréquemment énoncées, détermine un courant auquel on prête plus de force qu'il n'en a réellement.

Cependant certains hommes politiques en Russie, pour qui la grandeur de l'empire des tsars est dans sa cohésion, dans l'unité de son gouvernement, n'admettent pas qu'il y ait sous le sceptre du maître auquel tout est soumis, une quantité presque négligeable de sujets jouissant de l'autonomie et ne participant que dans une mesure infime aux charges de l'État, tout particulièrement aux charges militaires. Ces politiciens voient une injustice dans cette exception et cette faveur au profit des Finlandais, qui ne sont que des annexés. Ils réclament l'égalité pour tous et l'abrogation de la Constitution finlandaise.

Posée ainsi, la question est bien près d'être résolue. Pourquoi ne russifierait-on pas purement et simplement la Finlande, comme on a fait de l'Esthonie, de la Livonie ? La réaction arrivée au pouvoir sous Alexandre III avec Katkoff, Pobjiedonotsef, Tolstoï, voulait pousser le gouvernement du tsar à cette résolution, et Alexandre III semblait prêt à la prendre. Déjà même il avait projeté une refonte de reconstitution du grand-duché, et quoique la Diète se défendît avec énergie, il est hors de doute que les privilèges des quatre états finlandais eussent été annulés, si la mort n'avait pas surpris le tsar au milieu de ses desseins.

Le 6 novembre 1894, Nicolas II confirma les engagements pris envers la Finlande par ses prédécesseurs :

Etant entré par les décrets du Tout-Puissant en la possession héréditaire du grand-duché de Finlande, Nous avons voulu par le présent acte confirmer la religion, les lois fondamentales, les droits et les privilèges dont chaque classe dudit grand-duché et tous ses habitants ont joui jusqu'à l'heure présente aux termes de la Constitution de ce pays, promettant de les maintenir intacts dans toute leur force et leurs effets.

La promesse était formelle, mais il fallait attendre que la politique l'eût ratifiée. Or, la politique russe, celle de M. Pobjiedonotsef tout d'abord, n'est pas aussi généreuse, que ce jeune tsar qui s'incline vers les réformes en se modelant sur l'Occident. On en eut la preuve lorsqu'en juillet 1898 le monarque convoqua la Diète finlandaise pour délibérer sur la nouvelle loi militaire qui veut substituer au régime particulier du grand-duché le régime général de l'empire.

L'armée finlandaise ne comptait jusqu'ici sur pied de paix qu'un effectif de 5,600 hommes, commandés exclusivement par des officiers finlandais et ne servant qu'à la défense du grand-duché. Le nouveau projet élève cet effectif à 7,200 hommes qui seraient versés dans l'armée active russe ; les troupes finlandaises seraient soumises au ministre de la guerre russe, elles auraient pour chefs des Russes au lieu de Finnois, et les hauts grades seraient donnés de préférence aux officiers parlant la langue russe.

Cette dénationalisation de l'armée finlandaise était inconstitutionnelle. La Diète n'y consentirait jamais, autant valait supprimer l'autonomie du grand-duché ! Cependant, avant même que les États eussent donné leur avis, on était, dans l'entourage du tsar, décidé à passer outre. Le seul qui opposât des objections était le général Procopé, secrétaire d'État pour la Finlande, mais il n'avait qu'une voix et sa résistance fut impuissante. Sous la pression de ses conseillers, Nicolas II signa le 3 (15) février 1899 un manifeste qui dessaisissait la Diète d'Helsingfors des questions militaires, et par là même les tranchait, en faisant une distinction entre les lois concernant le régime intérieur du grand-duché et celles intéressant l'empire.

C'était un coup d'État.

Les Finlandais ont usé de leur droit de pétition au tsar: le 18 mars une députation composée de cinq cents délégués de tous les villages de la Finlande partait pour Saint-Pétersbourg. Ces délégués étaient porteurs d'une protestation couverte de 524,000 signatures.

Notre Constitution, disait ce document, a été confirmée par le serment de cinq empereurs, qui l'ont encore développée par leur sage gouvernement. Tout le peuple finlandais voit une violation ouverte de cette constitution dans le manifeste du 15 février.

La députation ne fut pas reçue par Nicolas II, qui refusa également de donner audience aux porteurs d'une pétition signée par les hommes les plus en vue dans toute l'Europe, des savants, des jurisconsultes, des personnages illustres, entre autres le célèbre explorateur Nordenskjold.

Les Russes triomphent en Finlande. On en voit déjà les conséquences : il ne s'agit pour le moment que de la russification de l'armée finlandaise, mais le fabuliste a éternellement raison :

> Laissez leur prendre un pied chez vous,
> Ils en auront bientôt pris quatre.

Charles SIMOND.

LES RAPIDES DE NOKIA

LA FINLANDE

I

La Finlande, dans la langue du pays, c'est *Suomi*. Pays très vaste, car il correspond à peu près comme surface à l'Angleterre, l'Écosse, l'Irlande, la Hollande, la Belgique réunies. Pays unique en Europe quant à sa formation, sa géologie et son hydrographie : aux époques lointaines de la préhistoire, il a émergé de la Baltique, et, phénomène inexpliqué, ce travail d'émersion continue toujours; la côte nord du golfe de Bothnie s'élève de 1 m. 20 à 1 m. 70 par siècle; celle du golfe de Finlande, de 60 centimètres. Le système des montagnes appartient, dans les quatre formations orographiques du globe, à la période initiale et à la période finale. Entre ces deux actes de la nature créant d'abord les roches granitiques qui surgissent de la masse en fusion de la planète et achevant son œuvre par l'endiguement des terres et l'apparition des espèces animales et végétales actuelles, il y a deux âges qui semblent n'avoir pas existé ici; la vie est apparue tout à coup sur le granit sans passer par les transitions qui se constatent ailleurs. Aussi les plus hauts sommets n'y ont-ils, en comparaison de ceux des autres contrées de l'Europe, qu'une faible altitude : le Taivaskero, qui est la cime la plus élevée de la Finlande, ne dépasse pas 858 mètres. Il fait partie de la chaîne de Maanselka, qui est l'arête dorsale de cette région. Avec ses ramifications, il constitue douze chaînes formant entre elles quatorze grands bassins, dont huit le long des côtes s'ouvrent sur la mer, tandis que les autres sont des vallées intérieures. De la disposition et de l'inclinaison de celles-ci résulte le système des eaux qui couvrent le sixième de la superficie totale du pays. Parmi ces eaux figure le plus beau et le plus grand lac de l'Europe, le Ladoga, que les Finnois appellent avec raison une Méditerranée d'eau douce. Les géographes et les voyageurs parlent avec enthousiasme des mille lacs de la Finlande, et ce chiffre de mille n'est pas un nombre vague, mais une expression de la réalité ou plutôt une approximation de cette réalité, les lacs étant même plus nombreux. Orgueil du Finlandais, ces lacs ne sont pas ce que l'on désigne généralement sous ce nom. Ils coulent comme les fleuves, se ramifient ou se réunissent, reçoivent des affluents ou des confluents et vont, après avoir fait du chemin et franchi des obstacles, tomber dans la mer.

Le climat de la Finlande est froid et dur, le soleil n'y atteint le sol qu'obliquement, d'où la température moyenne de deux degrés et demi, au cours de l'année. Cette température varie extrêmement suivant les aires du vent, mais le thermomètre ne monte guère plus haut que 17 degrés en juillet, et en hiver il descend de — 6° à — 12°. A l'ouest, il y a d'ordinaire deux degrés de plus qu'à l'est; à proximité de la mer, les chaleurs estivales sont toujours retardées et les frimas arrivent moins vite que dans l'intérieur. Partout, au nord comme au sud, l'hiver est long et rigoureux; il dure six mois, de novembre en avril, tandis que le printemps, l'été, l'automne, qui ne viennent et ne finissent pas toujours à leur heure, ne comptent normalement chacun que soixante jours sur lesquels ils en perdent plus ou moins. Dans le sud, il y a de la neige jusqu'en avril; dans le nord, elle ne disparaît pas avant la fin de mai. Et, comme les saisons ne sont jamais régulières, il arrive que les côtes sont encore bloquées par les glaces quand les navires croient pouvoir y passer. Une des particularités de la Finlande, c'est que durant trois mois les nuits n'y sont pas ténébreuses, mais enveloppées d'une lumière qui semble émaner de partout.

Ces conditions climatériques exercent leur influence sur la vie des plantes autant que sur la vie des hommes. La végétation, comme si elle avait conscience du peu de temps qui lui est laissé pour achever son œuvre, se hâte. « Un seul long jour ininterrompu, dit Topelius, voit germer la graine, la fleur s'épanouir et le fruit se nouer. Et quand le jour tend à sa fin, quand scintille la première étoile, le fruit est mûr, la moisson est prête. La vie a parcouru son cycle annuel, sa tâche est accomplie, la flétrissure commence. Un souffle du nord, une nuit de gelée, et le monde des plantes se vêt pour les adieux des plus riches couleurs. L'obscurité augmente, les feuilles tombent; seuls les sapins et les pins restent verts au milieu de la décrépitude universelle. Ils dorment aussi, mais, comme des guerriers endurcis, ils dorment sous l'armure. »

La flore finlandaise est celle de tout le nord de l'Europe. Dans les forêts, le pin, le sapin, le bouleau, qui ne croissent pas vite; le chêne, qui devient rare. Au bord des marais, lacs et rivières, l'orme et le saule. Au bord des routes, le tilleul, plutôt sauvage, l'érable, le frêne, l'orme, le tremble, le sorbier. Quelques arbustes,

INTÉRIEUR D'UNE MAISON DE PAYSAN

l'osier, le coudrier. Dans les landes, des bruyères et d'autres plantes ligneuses. Dans les vergers, le pommier, le poirier, le prunier, le cerisier. Dans les champs, le lin, très répandu, le chanvre, moins cultivé; le seigle, qui est la base de la nourriture du peuple, tandis que le froment est du pain pour l'Europe et du gâteau pour la Finlande; l'orge, l'avoine, qui sont très communes, surtout et partout la pomme de terre, dont les Finnois ne sauraient se passer. Les plantes fourragères, trèfle, phléole, vulpin, viennent en abondance pendant les deux mois d'été, mais ce qui nourrit avant tout les animaux et principalement le renne, ce compagnon inséparable du Lapon, c'est le lichen.

Le renne commun descend en Laponie, à l'est, jusqu'au Ladoga. Sans le renne le Lapon ne pourrait pas vivre, et sans le lichen le renne périrait. Seuls le lichen et le renne rendent les hautes latitudes de la Finlande habitables. Les nomades s'y cantonnent l'hiver dans une hutte de terre et descendent l'été vers les fjords, parce que les rennes réclament en cette saison le voisinage de l'eau salée. Il n'est pas d'animal domestique plus utile et plus dévoué à l'homme que le renne. Doux, patient, endurant, reconnaissant, il rend tous les services possibles à son maître, qui le traite d'ailleurs comme on ferait d'un compagnon. Le Lapon n'a du reste pas d'autre ressource que celui-ci. Bien souvent, il doit se contenter du lait de renne, qui a une saveur aromatique, mais se digère difficilement, parce qu'il est épais et lourd. Ce même lait lui fournit du beurre et du fromage. La chair de l'animal, fraîche ou salée, est presque l'unique viande qu'il connaisse; découpée en tranches et mélangée d'écorce, elle remplace le pain. Les nerfs servent à tresser des filets, les cornes, à fabriquer les ustensiles du ménage, grossièrement façonnés comme la vaisselle en bois de bouleau qui, avec une sorte de marmite, compose tout l'attirail de la cuisine laponne, forcément primitive.

A côté du renne on trouve en Finlande l'élan, dont la race, presque détruite par la chasse, n'a été reconstituée qu'à partir de 1858. La chasse et la pêche sont les industries du pays, mais le gibier et le poisson ont beaucoup diminué depuis une trentaine d'années. On rencontre encore des ours et des loups qui font beaucoup de mal et des renards qui sont nombreux. Les chasseurs qui ne poursuivent pas la grosse bête se rabattent sur le lièvre et l'écureuil, le tétras et la gelinotte, qui ne sont pas rares, et sur quelques échassiers, parmi lesquels la grue occupe le premier rang. Le pays était autrefois très riche en poissons de mer et d'eau douce. La pêche la plus importante est celle du saumon. On en prend plus de 150,000 kilos par an. Vient ensuite le sik ou lavaret (environ 100,000 kilos). Les lacs sont peuplés de corégones blanchâtres dont les habitants de l'intérieur se montrent friands. Le Ladoga fournit de l'esturgeon. Le long des côtes de la mer, les bancs de petits harengs sont ininterrompus. On en pêche jusqu'à 10 millions de kilogrammes par an.

Malgré ces bienfaits, la nature est plutôt avare pour le Finlandais, qui doit lutter sans cesse contre elle. « On n'a pas d'idée, écrit un voyageur (le comte Goblet d'Alviella) de ce que les Lapons peuvent supporter en privations. »

II

La Finlande, qui n'est aujourd'hui qu'un grand-duché russe, comprenait historiquement neuf provinces : la Finlande proprement dite, l'archipel d'Aland, le Nyland, le Tavastland, le Satakunta, la Carélie, le Savolaks, l'Ostrobothnie et la Laponie.

La Finlande proprement dite forme l'angle sud-ouest du pays. C'est, dans son ensemble, une plaine fertile coupée, au nord seulement, de rochers et de collines. Elle eut pendant près de sept siècles, de 1157 à 1827, pour centre intellectuel Abo, qui, malgré ses ouvrages de défense, fut plusieurs fois prise par les Russes, qui l'incendièrent. La cathédrale, pillée et démolie en partie, mais rebâtie après chacun de ces désastres, est encore debout et rend témoignage d'un passé plein de gloire et d'infortunes. Abo était

VUE D'UNE RUE A BORGA

autrefois très riche par le commerce de la Finlande avec l'Allemagne. Cette prospérité déclina d'époque en époque depuis le XVIe siècle. Cependant la ville conserva quelque éclat, grâce à son Académie, jusqu'au 4 septembre 1827, où elle fut réduite en cendres par un terrible sinistre. Déjà, en 1819, elle avait été dépossédée de son rang par le transfert de la capitale de la Finlande à Helsingfors, le gouvernement russe ayant jugé qu'Abo est trop loin de Saint-Pétersbourg et trop près de Stockholm. Abo a une population de 32,000 âmes. On visite la ville pour les restes de son château, où l'on a installé un musée archéologique, et pour la cathédrale, où il y a quelques tombeaux célèbres. Les environs de la ville offrent de l'intérêt : l'île de Runsala, dont les villas composent un joli tableau; Kuusto, la forêt de sapins au milieu de laquelle les évêques d'Abo possédaient un château fort que Gustave Vasa fit démanteler; Nadendal, où était le monastère de sainte Brigitte, le seul couvent de femmes que le catholicisme ait construit en Finlande, et dont toute une partie est devenue un établissement de bains; Nystadt, la petite ville maritime où fut signée la fameuse paix de 1721, entre la Russie et la Suède.

L'archipel d'Aland, que les Finnois appellent le « Pays des Perches » (*Ahvenanmaa*), est un groupe de quatre-vingt-dix îles et îlots, qui se partagent en huit paroisses. Avant le dix-huitième siècle, la population, pêcheurs et agriculteurs, tirait de grandes ressources de l'épaisse forêt qui couvrait l'île principale; mais, en 1713, le gouverneur suédois fit abattre les arbres et tuer les élans qu'ils abritaient, parce que l'on craignait que les Russes ne vinssent de ce côté menacer Stockholm.

Quelques souvenirs historiques se rattachent à une autre des paroisses d'Aland, celle de Sund, où l'on voit les ruines de deux forteresses : Kastelholm, détruite en 1713, et Bomarsund, bombardée en 1854, pendant la guerre d'Orient, par la flotte anglo-française.

Nyland — ce qui veut dire pays nouveau — est la plus petite province du grand-duché comme superficie, mais la plus considérable comme population. C'est aussi la plus riche, grâce à sa prospérité agricole, industrielle et minière. Helsingfors, qui en est la ville principale en même temps que la capitale de toute la Finlande, fut fondée vers 1550, par des colons suédois. La mer en ayant ensablé l'accès en 1639, les habitants allèrent se fixer à cinq kilomètres de là, au sud-ouest. Helsingfors, qui eut un rôle dans l'histoire finlandaise, n'acquit toutefois de notoriété qu'à la fin du dix-huitième siècle, lorsque Gustave III y célébra la fameuse victoire navale de Hogland. Choisie par les Russes pour centre administratif du grand-duché, la ville ne prit cependant son véritable essor que lorsque la Diète de Finlande s'y fut réunie pour la première fois en 1863. A cette date, sa population, qui n'était, en 1812, que de 8,000 âmes, s'élevait déjà à 20,000. Elle dépasse maintenant 70,000. Cette augmentation, relativement énorme, a permis aux autorités d'embellir la capitale. On y a multiplié en trente ans les monuments et les édifices, les églises et les temples des différents cultes, les casernes, les hôpitaux, les écoles. Une promenade publique a été dessinée au milieu de la ville. C'est l'Esplanade. On y voit la statue en bronze du grand poète national Runeberg.

A proximité d'Helsingfors, au sud-est, se dresse sur sept îles, dont six sont reliées entre elles, la forteresse de Sveaborg, qui fut, comme Bomarsund, bombardée par les flottes alliées en 1855. Au nord-est de la capitale est le port de Borga, qui date du quatorzième siècle, et à l'est de Borga, la petite ville de Lovisa, qui est une station de bains. D'autres ports importants sont à signaler ici : Kotka, qui fait un grand commerce d'exportation de bois flottés; Frederikshamn, où est l'École militaire; Ekenas, d'où viennent les conserves de petits harengs; Hango, où le tsar et la famille impériale ont une villa d'été, qu'ils viennent occuper pendant la belle saison.

Le Tavastland est situé au centre du pays. C'est une région pittoresque mais sauvage : rochers, landes et lacs; au nord, des forêts encore très denses; au sud, où l'on a beaucoup défriché, des champs bien cultivés. Ici, toutes les terres étaient jadis seigneuriales, et plusieurs résidences que l'on a sauvées des atteintes du temps témoignent de ces coutumes féodales. Parmi ces résidences, on cite presque toujours en première ligne Karlberg, près de Tavastehus, quoique l'aspect de ses bâtiments n'ait rien de moyenâgeux et ressemble bien plus à un kursaal.

Le Satakunta est le pays des légendes, des contes populaires, des géants qui passent à gué les lacs noirs ou bleus en n'ayant de l'eau que jusqu'aux tiges de leurs bottes. Ces lacs du Satakunta sont célèbres, et aussi ses collines. Les gens de l'endroit disent : « Nous avons cent îles, mille presqu'îles, et pas une sans nom. » Le Satakunta comprend le bassin du Kumo et le nord du bassin du Nasijaroi. Le Kumo est navigable depuis son embouchure, où est le port de Rafso, jusqu'à la ville de Bjorneborg. Dans le bassin du Nasijaroi se trouve Tammerfors, que l'on a surnommé le Manchester de la Finlande et qui, avec ses 21,500 habitants, est le vrai foyer d'activité du grand-duché; ses filatures de lin et de coton, ses fabriques de drap et de papier exportent leurs produits en Russie et en Allemagne.

La Carélie est la Finlande poétique. Théâtre des grandes scènes épiques, elle a subi à travers les âges de nombreuses et cruelles vicissitudes. Son château de Viborg, qui fut pendant trois siècles la clef de la Finlande, a été le séjour des évêques illustres, des rois guerriers. Les Russes y rencontrèrent une résistance héroïque, et les défenseurs de Viborg ne capitulèrent, le 30 juin 1710, que lorsqu'ils eurent été décimés par le fer et le feu. Outre Viborg, qui a 22,000 habitants, la Carélie possède trois autres villes, si l'on peut donner ce nom à de petites agglomérations de 1,500 à 3,000 habitants : Joensuu (2,800), Kexholm (1,200), Sordavala (1,400).

Le Savolaks a cinq villes : Kuopio, Isalmi, Saint-Michel, Nyslott (qui date du quinzième siècle), Villmanstrand, où les Suédois éprouvèrent une défaite sanglante en 1741. Le Savolaks constitue la Finlande orientale. Ses passages étroits, qui arrêtent l'ennemi, sont les Thermopyles du pays. Aussi les champs de bataille historiques s'y comptent-ils en grand nombre.

L'Ostrobothnie occupe environ les deux cinquièmes de la Finlande. A elle seule, cette province équivaut comme superficie à la Bavière, la Saxe, le Wurtemberg pris ensemble. Son nom indique sa position géographique. C'est une plaine faiblement inclinée vers le golfe de Bothnie, mais qui, à la frontière du nord-est, se hérisse de rochers. Ce qui caractérise surtout l'Ostrobothnie, au point de vue géographique, c'est le phénomène d'exhaussement du sol. Ici, l'émersion est non seulement continue, mais rapide. Dix ans suffisent pour amener un changement dans la configuration des côtes. Celles-ci sont plus peuplées que l'intérieur. Neuf villes y ont été bâties depuis 1606. La plus ancienne

DANS L'ARCHIPEL DE HELSINGFORS

est Vasa, fondée par Charles IX, qui lui donna le nom et les armes de sa famille. Le gouverneur y a sa résidence. Le port, ensablé, a été transporté en 1852 avec la ville même à cinq kilomètres plus près de la mer. Ce port actuel est l'un des principaux de la Finlande. Le gouvernement de Vasa compte plusieurs villes, qui toutes n'ont qu'une population restreinte.

L'Uléaborg, qui est sur la côte ouverte, a la plus grande superficie parmi tous les gouvernements finlandais (156,799 kilom. carrés de terre ferme et 8,662 kilom. carrés de lacs, au total 165,641 kilom. carrés). Ce gouvernement représente près de la moitié de tout le grand-duché (44 p. 100); ses villes les plus importantes sont : Uléaborg, Keni, Tornea. La première est le port d'exportation du nord de l'Ostrobothnie.

Aux divisions que nous venons d'indiquer sommairement, il

VUE D'ABO

faut ajouter la Laponie finlandaise, c'est-à-dire celle que la Finlande envahit de plus en plus, car la Laponie proprement dite est le désert sans routes où paissent les troupeaux de rennes, et où les neiges sont, pendant l'hiver, si hautes et si dures que les habitants doivent les déblayer à coups de hache. A mesure qu'on pénètre dans cette région, la nature présente un spectacle de plus en plus désolé. « Les derniers sapins disparaissent devant les tiges rampantes des bouleaux nains aux énormes racines et aux frêles rameaux. Le sol semble calciné. De larges mares se dessinent entre des collines fauves qui se prolongent à l'infini sans autres bornes que les taches neigeuses de quelques éminences lointaines. La Russie ne se lasse point de s'étendre sur ces fjelds incultes. Elle y travaille avec autant de patience et d'acharnement que sur les bords fertiles de l'Amour, la longue vallée de l'Atrek et les rives populeuses du Danube. »

III

Le type finnois n'offre pas beaucoup de variétés : il est généralement dur, les physionomies exprimant la résignation en même temps que l'obstination, deux traits de caractère qui s'associent d'ordinaire chez ces populations si éprouvées par les combats avec la nature et avec les hommes. De ces types, le plus accentué est le Tavastien, fortement charpenté, mais mal équarri, grand, musculeux, large d'épaules, la face pleine, le nez retroussé, les yeux gris, les cheveux bruns ou blond de lin. Topelius l'a parfaitement dépeint : « L'été, vêtu de son mekko, sorte de blouse de toile grossière, il travaille aux champs de l'aube au couchant, sans autre nourriture que le talkkuna, farine d'orge, d'avoine et de pois mêlés, qui se mange avec du lait caillé, et qu'il porte sur son dos dans un havresac de lanières d'écorce de bouleaux tressées. Dans le caractère du peuple finnois, le Carélien représente le jour; le Tavastien, la nuit. Comparé à ce dernier, le premier est plus élancé, plus vif, plus sensible, plus versatile; il est né poète et commerçant; il a les cheveux foncés, les yeux gris ou bruns, les membres plus grêles; tout son extérieur révèle une nature plus ouverte et plus accessible. Le Carélien est un enfant bien doué dont l'éducation a été négligée. C'est lui qui a conservé jusqu'à nos jours les vieux mythes finnois, et il y a ajouté sans cesse de nouvelles compositions lyriques. » Aussi la Carélie est-elle le foyer par excellence des conteurs. Là se trouvent les fervents admirateurs de l'intrépide Sampo Lappelill (Sampo le petit Lapon), qui défia le Roi des Glaces jusque dans son empire et que Topelius a rendu immortel.

Il y a en Finlande une population finnoise et une population suédoise. Celle-ci occupe l'archipel d'Aland, le sud du Nyland et la côte méridionale de l'Ostrobothnie. Le type primitif de ces Suédois est facilement reconnaissable : taille haute et élancée, cheveux blonds, yeux bleus; des géants au regard plein de douceur, comme on en rencontre beaucoup encore dans les rues de Stockholm. L'élément suédois s'est profondément enraciné dans les mœurs, dans les aspirations finlandaises. Il y a introduit la sève démocratique, et c'est grâce à lui que le peuple conserve jalousement ses idées de liberté. Quant au Lapon, qui ne veut être ni le frère, ni le demi-frère, ni même le cousin du Finnois, c'est cependant à ce dernier qu'il ressemble le plus; mais il est plus petit, plus frêle et en même temps plus agile. Avec ses cheveux noirs et ses yeux bruns, son caractère violent ou passif suivant les circonstances, selon les vents qui soufflent, on pourrait dire qu'il incarne ces gnomes qui peuplent les légendes finlandaises et dont les exploits sont encore plus malicieux qu'héroïques. C'est un enfant de la nature, peu aimé d'elle, puisqu'elle l'a fait laid et rabougri comme les arbres de la région qu'il habite.

Aux éléments finnois, suédois, lapons, est venu s'ajouter le Russe, qui s'est fixé dans les villes finlandaises, et de préférence à Viborg et aux alentours. Commerçant, artisan, arrivé là avec peu d'économies, mais dans le but d'en amasser davantage, il parvient en quelques années à acquérir un pécule qui fait boule de neige. Il a le don de l'assimilation, et au bout de deux générations sa fusion avec la population finlandaise est accomplie. C'est ce qui a lieu aussi pour les quelques Allemands ou Français qui s'établissent en Finlande.

IV

Le Finlandais est forestier, et par suite bûcheron, défricheur; il est aussi chasseur et pêcheur. La Finlande, après avoir consommé pour son propre usage dans ses usines, ses tuileries, ses ateliers, ses chemins de fer, ses chantiers de navires, etc., une énorme quantité de bois, — sans compter qu'il en faut d'autres quantités considérables pour le chauffage, — en exporte, en outre, beaucoup à Saint-Pétersbourg, à Stockholm et vers les ports de la Baltique. « Les bûcherons déboisent les collines de la côte; la mince couche de terreau produite par la dépouille séculaire des forêts est bientôt desséchée par le soleil, entraînée par les pluies, dispersée par le vent, et le rocher reste à nu. Et ce n'étaient là pourtant que les restes dédaignés par les gros marchands de bois de scie et de bois de charpente : il faut au moins cent mille arbres pour que cela vaille la peine de mettre en mouvement une scierie. Le paysan est tout étonné de se trouver en possession de richesses inattendues; il vend ses arbres au quart du prix, ou bien il vend sa ferme, qui, bientôt déboisée, perd toute valeur. La cognée du bûcheron a travaillé tout l'hiver : il faut qu'à la fonte des glaces les trains soient réunis dans les cours d'eau. On rase complètement la forêt, mûre ou non; c'est plus commode, et les bois de petite dimension peuvent toujours être vendus comme traverses, étais de mines, etc. C'est alors que commence le travail pénible, souvent très dangereux, du flotteur sur des troncs roulants, mouillés, glissants. Ces billes descendant isolément les fleuves et les rapides sont réunies dans les lacs en immenses radeaux, que

HOGLAND

des bateaux à vapeur remorquent vers les scieries. Le flotteur habite pendant des mois la hutte qu'il s'est bâtie sur le radeau. Parfois celui-ci est disloqué par la tempête, ou bien les trains sont arrêtés par les roches des rapides; alors il faut rassembler de nouveau les billes égarées; cependant, plus d'une enfonce et devient un écueil pour la navigation. Les propriétaires riverains protestent; les pêcheurs se plaignent, les voies navigables sont obstruées, les eaux sont souillées de détritus d'écorces. Enfin, après un voyage qui dure souvent plusieurs années, les trains sont arrivés à la scierie. Le fier centenaire est débité en planches, que des navires emportent vers l'Europe occidentale et la Méditerranée. Kotka est en fête quand le premier million de francs de l'année est complet; mais les dimensions des billes diminuent avec le déboisement. » (TOPELIUS.)

V

Jadis les Finnois n'avaient pour demeure que le *Koti* ou *Koto* que l'on ne trouve plus que chez les Lapons les plus éloignés de la civilisation. Faite de pieux inclinés qui lui donnaient par leur assemblage une forme conique, cette tente primitive était recouverte de peaux de rennes. Pour la caler et la maintenir en place on employait de la neige battue qui devenait en quelques instants un véritable ciment. A l'intérieur il n'y avait pour tout mobilier

VIBORG

qu'une grande pierre sur laquelle on faisait du feu pour se chauffer ou pour préparer les aliments, la fumée s'échappant par un trou ouvert dans le toit. Autour de la pierre à quelque distance étaient adaptées aux parois de la cabane des couchettes également en peaux de rennes.

C'était tout le gîte du nomade. Quand celui-ci voulait se transporter ailleurs, il démolissait sa *Koto* et allait la rebâtir plus loin, ce qui lui était facile. Pour mettre son garde-manger à l'abri des bêtes sauvages qui entraient chez lui sans difficulté il perchait ses provisions sur de grands pieux plantés dans la *Koto*. Le Finnois d'aujourd'hui a changé cette habitation d'autrefois en une maison.

A vrai dire, celle-ci est construite entièrement en troncs équarris, mais elle se compose de plusieurs chambres qui ouvrent dans un corridor ayant une porte aux deux bouts, ce qui donne deux sorties ou entrées. Quelques riches surélèvent la maison d'un premier étage qu'ils n'occupent pas, si ce n'est aux grandes fêtes. Ces habitations en bois sont toutes peintes en rouge. Suivant les régions il y a plus ou moins de fenêtres, et dans certaines parties de la Finlande, en Ostrobothnie, par exemple, elles sont si nombreuses qu'il y a des courants d'air perpétuels. La salle où se réunit la famille, où elle prend ses repas, où elle fait la veillée, est vaste. Chacun s'y livre à son travail, lorsque l'on ne cause ou ne mange pas. Généralement le père fait de la menuiserie, la mère file ou vaque au ménage, la fille coud ou carde la laine; plus jeune, elle s'occupe des plus petits enfants, qui s'amusent ou écoutent les histoires qu'on leur raconte volontiers. L'ameublement est simple : une table et de grands bancs qui servent aussi de lits. Les maîtres et les vieillards seuls ont droit à une couchette séparée semblable à celles des cabines de navire et toujours superposée. Un poêle rond est établi au milieu de la pièce, et comme en Russie, il tient fréquemment lieu de lit au mendiant qui passe sur le chemin et entre sans frapper. Une horloge dans sa grande gaine de bois fait entendre son tic tac. Une petite armoire renferme les trésors de la famille : la Bible, le psautier et l'argent. Les habits sont soigneusement gardés dans un coffre verni.

Certaines habitations ont une cave, où l'on remise les provisions d'hiver, les pommes de terre; quelques-unes possèdent même ce que l'on pourrait appeler une salle de bain, où l'on produit de la vapeur en jetant de l'eau sur de grosses pierres chauffées à blanc. Il y a aussi des bains publics où les baigneurs des deux sexes sont admis, car le Finlandais est d'une propreté exemplaire.

Ce qui caractérise surtout l'habitation finlandaise, c'est qu'elle est isolée. Chacun prétend non seulement être chez soi, mais en outre ne pas avoir de voisins. Dans la plupart des fermes, les habitants n'ont entre eux de communications que celles qui sont rendues indispensables par les besoins de la vie. Ajoutons que cette vie, quoique simple et uniforme, n'exclut pas la gaieté; la seule chose qui distingue celle-ci, c'est qu'elle disparaît dès qu'il y a un étranger devant lequel on ne veut pas se départir de la gravité accoutumée en public. Mais lorsque le Finlandais est seul avec les siens, n'ayant autour de lui que sa femme et ses enfants, il se réjouit avec eux, se laisse même aller à la plaisanterie, son visage se déride, un sourire paraît sur sa lèvre, il n'a plus besoin d'être défiant. Telle est sa nature et elle se retrouve dans toutes les manifestations de sa pensée, dans tous les actes de sa vie.

VI

Cette tournure d'esprit lui vient autant de sa religion que de sa race. Il est luthérien dans l'âme, et si la loi lui prêche la tolérance, il ne pratique celle-ci que parce qu'il est ennemi de tout conflit avec la justice; mais, en réalité, il reste sévèrement fidèle à son culte, non par ténacité, mais par sincérité. Chose étrange, ce luthérien descend d'aïeux qui, avant Luther et la Réforme, étaient aussi ardemment catholiques que leurs descendants sont maintenant passionnément protestants. La raison de cette transformation se trouve dans l'indépendance de conscience, qui n'est qu'une des formes de l'indépendance absolue. Tout Finlandais veut avant tout être libre. C'est au nom de la liberté qu'il a lutté pendant des siècles contre les dominations politiques, et cette même liberté lui a dicté sa rupture avec Rome. Sa foi profonde n'en fait pourtant pas un fanatique. Il est soumis à l'influence du pasteur, parce que le pasteur est bon et juste, parce qu'il y a entre eux une confiance réciproque, la supériorité d'instruction du guide spirituel étant une garantie pour les ouailles qu'il dirige avec sollicitude. Aussi le pasteur luthérien a-t-il une grande autorité morale. Et la considération dont il jouit est telle que l'ambition de toutes les mères est de voir leur fils dire un jour la messe à l'autel. Cette influence exercée par le pasteur fait que chaque habitant est assidu aux offices et que l'église est toujours remplie de croyants. L'affection que l'on témoigne aux ministres de la religion procède aussi de la reconnaissance. Le pasteur a été l'éducateur de l'enfant, et quand cet enfant est devenu homme, il ne le perd jamais de vue. Il y a une coutume qui n'est pas près de tomber en désuétude, quoi qu'elle date de loin, c'est celle de l'examen annuel de lecture, que jeunes et vieux doivent subir, et dont le jury est présidé par le pasteur. C'est encore ce dernier qui donne l'instruction religieuse obligatoire à tout citoyen finlandais. Enfin il délivre le certificat de bonnes mœurs sans lequel on ne peut contracter aucun mariage, et il sanctifie la loi en célébrant le service divin à l'ouverture de la session des tribunaux. Cette action existe sans doute également dans d'autres pays, mais en Finlande elle est beaucoup plus significative et elle a une bien plus grande portée, parce que tout le peuple finlandais est éclairé, sachant lire et écrire, le nombre des illettrés étant fort rare. Cela n'empêche pas parfois la superstition, mais celle-ci dérive surtout des légendes et du respect qu'on professe pour elles. Ces légendes sont le plus souvent des contes d'enfant, des histoires où les nains ou les lutins ont un rôle. Il y a des gens sérieux et de bonne foi, qui sont très pieux, et qui croient aux génies des rochers, des lacs, des rivières, des sources, aux esprits protecteurs de la maison, et qui ont peur de les courroucer. C'est un vieux fond de paganisme qui reste dans le cœur de tout Finlandais et contre lequel l'instruction la plus développée ne pourra probablement rien avant longtemps.

VII

On sait peu de choses à l'étranger et surtout en France de ce développement intellectuel de la Finlande, quoiqu'il soit considérable. Sciences, belles-lettres, beaux-arts, dans toutes les branches il y a eu, au cours du dix-neuvième siècle, des hommes de grande valeur qui ont produit des œuvres dignes d'estime, d'admiration, dont plusieurs sont géniales. Ce mouvement a été secondé par les associations scientifiques littéraires et artistiques, qui datent de 1838 et même d'un peu plus haut. Quelques savants constituèrent en 1398 à Helsingfors la première *Société finlandaise des sciences*, presque exclusivement composée de professeurs de l'Université. Elle eut pour premier président le physicien Hallstrom et pour premier secrétaire le mathématicien Af Schulten. Ses travaux, qui furent secondés par le gouvernement, se concentrèrent principalement sur la météorologie, la géologie et l'histoire naturelle. La Société d'études de la flore et de la faune finnoises (*Societas pro fauna et flora finnica*) est un peu plus ancienne. Elle fut créée en 1821 par quelques jeunes gens. Elle a rendu de grands services par des publications qui sont estimées non seulement en Finlande mais aussi à l'étranger. La *Société de littérature finnoise* remonte à 1831. Parmi ses fondateurs ou premiers adhérents on cite des noms devenus illustres : Elias Lönnrot, qui en fut l'âme active et dévouée; Runeberg, le grand poète national; Castren et Ahlqvist, les maîtres de la linguistique. Ce qu'elle fit pour la propagande des idées modernes est admirable. Attachant une importance spéciale à la légende populaire et à ses sources, elle apporta des matériaux du plus grand prix au folklore qui est devenu une des branches les plus vivaces de connaissances. Elle s'occupa de la publication des « runes » finnoises et du *Kalevala* (chants caréliens sur les anciens temps de la Finlande) et du *Kanteletar* (chants et poésies antiques du peuple finnois). Grâce à elle le *Kalevala* (traduit depuis en français) prit place dans la littérature universelle à côté des plus grandes épopées. Elle appela à son aide toutes les bonnes volontés, et ces efforts, auxquels s'associèrent non seulement des érudits, mais des hommes du peuple, eurent des résultats qui sont vraiment gigantesques. Dans le seul domaine des traditions, la *Société de littérature finnoise* avait réuni, déjà en 1889, le chiffre inouï de 22,000 chants épiques, lyriques ou magiques, 13,000 contes, 40,000 proverbes, 10,000 énigmes, 2,000 mélodies populaires et 20,000 compilations ou jeux.

C'est là, dit avec raison M. Salmon, un folklore qui dépasse en étendue et en valeur tout ce qu'aucun autre peuple, peut-être, peut produire en ce genre. En outre la même Société a publié ou préparé des dictionnaires en toutes langues et des traductions des chefs-d'œuvre de la littérature classique ou moderne de tous les pays. Plus jeune, et en quelque sorte toute récente, car elle n'existe que depuis 1885, la *Société finlandaise de littérature moderne* a en quatorze ans accompli un travail immense. De même la *Société finno-ougrienne*, contemporaine de la précédente, se renfermant comme elle dans un cadre déterminé, mais groupant comme elle une phalange d'hommes de savoir. En 1864 un rameau de la *Société de littérature finnoise* forma la *Société d'histoire de Finlande*, qui poursuivit la publication de *Archives historiques* et du *Dictionnaire biogra-*

TAVASTEHUS

phique. Un peu plus tard, s'organisa la *Société finlandaise d'archéologie*, qui rassembla pour en faire des collections tous les documents relatifs aux antiquités finnoises. La géographie ou les recherches mathématiques et physiques qu'elle implique fit naître deux associations : l'une, *Société de géographie de la Finlande*, composée de professeurs de l'université et de fonctionnaires, et créée par le baron Palmen, s'efforça d'établir la cartographie du pays, dans toutes ses divisions ; l'autre, *Société finlandaise de géographie*, eut pour but de vulgariser les connaissances géographiques par des réunions mensuelles, des conférences, et par la création d'une *Revue* qui paraît tous les deux mois.

A côté de ces sociétés qui s'adressent à toutes les intelligences cultivées, il en est de spéciales, comme la *Société des médecins finlan-*

dais, fondée en 1835, et émanant de l'Université d'Abo, ou comme la *Société finlandaise de jurisprudence*, constituée à Helsingfors en 1862, et qui eut pour président Palmen. Ce dernier fut aussi rédacteur en chef de la *Revue de la Société finlandaise de jurisprudence*, qui a acquis de la notoriété en Europe.

VIII

Abo fut pendant le premier tiers du xix⁰ siècle le centre littéraire de la Finlande. Le plus célèbre des poètes finlandais de cette époque, Frans-Michael Franzén (1772-1847), fut l'idole de la jeune génération jusqu'en 1830 et même après. La bonté divine est pour lui la seule chose réelle dans la vie humaine. Son œuvre poétique s'inspire tout entière de cette douce philosophie. Mais ce qui le distingue aussi, c'est la beauté des descriptions de la nature du nord, le charme et l'harmonie de ses effusions lyriques, l'exaltation de tout ce qui est gracieux, tendre et bon, par conséquent le culte de la femme, en qui il voit surtout la mère. Franzén quitta la Finlande lorsque eut lieu la séparation de celle-ci d'avec la Suède; il alla, cédant aux sollicitations de sa famille, s'établir à Stockholm, mais ses poésies continuèrent à être la chaîne entre les deux âmes finnoise et suédoise. Après son départ, le petit Parnasse finlandais resta muet; quelques-uns, qui avaient fait partie de la pléiade : Tensgtrom, Chorœus, Linsen, Arwidson, Axel, Gabriel Sjostrom, l'Anacréon finlandais, continuèrent à écrire, à chanter, à faire des vers, à laisser parler leur âme, mais cette âme même était atteinte dans ce qui faisait sa vraie force : la liberté. L'incendie qui détruisit en 1827 Abo y fit périr aussi la littérature.

Une époque de transition vint alors; ce fut celle où la jeune génération, entrée à l'Université d'Abo vers 1820, passionnée de littérature mais pauvre d'argent, suivait avec enthousiasme la lutte engagée en Suède entre les romantiques et les académiques. Franzén restait leur vrai père en poésie mais ils étudiaient aussi les grands Suédois contemporains, Tegner, Stagnelius, madame Lenngren, et même les anciens, Bellmann, Lidnèr. Les plus ardents parmi ces tous jeunes étaient Nervander, un enfant sublime, qui, semblable à Hugo comme précocité, avait déjà écrit à quinze ans de très belles élégies. A côté de lui Lille et Johan Ludvig Runeberg, travaillaient sans relâche. Runeberg s'occupait déjà de son beau poème narratif *La chasse à l'élan*.

A l'automne de 1828 l'Université transportée d'Abo à Helsingfors ouvrit ses cours et l'on put alors se convaincre que la littérature avait un avenir non moins brillant que le fut son passé. Sjostrom fonda en 1829 les *Nouvelles de Helsingfors* auxquelles collaborèrent tous les jeunes poètes émigrés d'Abo. On n'était, à vrai dire, qu'un petit cercle, mais la foi l'élargissait. Les coryphées furent, comme à Abo, d'une part Nervander, de l'autre Runeberg. Bientôt cependant Nervander, si admirablement doué pour la poésie, la quitta, voulant faire sa carrière des sciences exactes; il donna toutefois comme dernier adieu poétique à ses amis son « *Livre de Jephté* », qui est un chef d'œuvre.

Runeberg le surpassa par l'élan du patriotisme. Il y a peu de poètes qui aient en n'importe quel pays aussi merveilleusement que lui ce sentiment de la patrie, qui est en même temps le sentiment extraordinairement vif de la liberté. L'art trouve ici ses racines dans le cœur, et le cœur lui-même ne bat que parce qu'il est pour ainsi dire l'écho de l'âme populaire. C'est bien là, dans toutes ses poésies, que le génie de Runeberg a ses sources fécondes. Il n'y a rien de plus gracieux que ses petits tableaux champêtres (*Idylles et Épigrammes*). Mais à leur grâce se marie l'amour du peuple. En général Runeberg choisit ses sujets dans la vie de ce peuple bon, laborieux, naïf, et il traduit ses mœurs en une forme d'une rare perfection, mais s'il crée d'inimitables petits tableaux de genre, il n'en est pas une où ne rayonne l'amour national, tandis que dans son grand poème *Elyjagsen* (*La chasse à l'élan*) il revêt de poésie les impressions qu'il a rapportées de son séjour au milieu des populations finnoises.

Je ne puis ici qu'esquisser le génie de Runeberg, mais il est hors de doute que ce génie s'élève au-dessus de tous ceux qui l'environnent. Les deux plus méritants, parmi eux, furent Frédéric Cygnæus et Zacharie Topelius. Eux aussi laissèrent de belles œuvres qui resteront dans la mémoire des Finlandais et qui eurent une influence considérable, mais ni l'un ni l'autre n'atteignent au sommet où se dresse Runeberg, comme au-dessus de la ville de Helsingfors il domine, debout sur le piédestal de la statue qui lui a été érigée. Je ne crois pas que les trois grands récits poétiques de Runeberg « Nadeschda, » « le roi Fialar » et son « Enseigne Stål » aient été traduits en français; si quelqu'un s'en est avisé, la traduction est en tout cas peu connue, et c'est déplorable; je suis convaincu que ces poèmes, s'ils étaient bien expliqués au Collège de France, ou s'ils faisaient l'objet de conférences, obtiendraient un énorme succès.

**

Runeberg, Topelius, Cygnæus et avant eux Franzén étaient des spiritualistes. Le réalisme, qui a pénétré en Finlande, n'a pas nui à la gloire de ces maîtres, mais a fait naître un courant que l'on peut déclarer funeste. Sous l'influence de la lecture de Daudet, Zola et des danois Jacobsen, Kielland, Strindberg, il s'est formé une école qui a prétendu substituer à la poésie, le sensualisme, aux conceptions idéales de la vie la peinture crue ou brutale de ses vilenies. Un certain nombre d'auteurs ont ainsi conquis le succès. Le plus en vedette, le plus fécond et le plus varié est Tavaststjerna, poète lyrique, auteur dramatique et romancier.

*
* *

Toutes les œuvres que nous venons de signaler sont finlandaises, mais écrites en Suédois. Or, il existe à côté d'elles une littérature finnoise non moins curieuse. C'est celle où excellèrent Lonnrot et Topelius, le premier en rassemblant et publiant les grandes épopées nationales dont il a déjà question, *Kalevala* et *Kanteletar*, le second en écrivant ses contes délicieux, tout différents de ceux d'Andersen, mais plus imprégnés de l'atmosphère finnoise. Ahlqvist, Krohn se placèrent au même rang, et les *Récits de l'histoire de la Finlande* qu'écrivit ce dernier auront éternellement une grande popularité.

En eux, en leur œuvre, s'incarne l'âme nationale. Ils en sont les gardiens privilégiés, et ils seront peut-être aux yeux de la postérité les témoins et les interprètes de ce qu'il y eut, de ce qu'il y a encore aujourd'hui en cette âme de réelle noblesse, de grandes et idéales croyances au beau et au bien.

A. Brunou.

www.ingramcontent.com/pod-product-compliance
Lightning Source LLC
Chambersburg PA
CBHW060559050426
42451CB00011B/1987